LA COLONIE

DE

METTRAY

MISÈRE, TRAVAIL, CHARITÉ.

Vers envoyés au Concours de l'Académie française

le 1er mars 1852,

PAR

LA MARQUISE DE BANNES.

PARIS.

IMPRIMERIE DE W. REMQUET ET Cie

Successeurs de Paul Renouard,

rue Garancière, n. 5, derrière St.-Sulpice.

1852.

LA COLONIE

DE

METTRAY

MISÈRE, TRAVAIL, CHARITÉ.

Vers envoyés au Concours de l'Académie française

le 1er mars 1852.

PAR

LA MARQUISE DE BANNES.

PARIS.

IMPRIMERIE DE W. REMQUET ET Cie

Successeurs de Paul Renouard,

rue Garancière, n. 5, derrière St.-Sulpice.

1852.

Sommaire.

Splendeur de Paris. — Misères du pauvre. — Charité. — Fondation de Mettray. — Description de la Touraine. — Les colons de Mettray. — Charmes de la nature — Nécessité du travail. — Le Palais de cristal. — Vertus des classes ouvrières. — En moralisant le peuple, on détruit la guerre civile. — Grandeur et avenir de la France.

LA COLONIE DE METTRAY.

Deus charitas est. (*I, Joan. 4.*)

Reine de l'avenir ! ô France ! ô ma patrie !
Tes plus nobles enfants, l'honneur de ton grand nom,
Laissent tous leur empreinte, une palme, un fleuron
A ton centre immortel. La force et le génie
Respirent dans ton âme, ô puissante cité,
Digne émule de Rome et de l'antiquité !

Paris ! ta vaste enceinte est l'œuvre colossale
De ce peuple héroïque, aimable, indépendant,
Qui poursuit à grands pas sa course triomphale.
Paris ! le monde entier subit ton ascendant.

Ce Paris, transformé par le culte des âges,
Renaît toujours plus beau sous le vent des orages,
Au feu des passions, dans le choc des combats ;
Princes et citoyens, artisans et soldats,

Ont tous avec ardeur travaillé pour sa gloire.
France! ta métropole atteste ton histoire.

Admirable cité! que j'aime tes splendeurs
Quand ton vaste horizon s'illumine et flamboie
Sous des gerbes de feux aux multiples couleurs;
Quand tout ton peuple ému, ton peuple ivre de joie,
Fait retentir au loin de puissantes clameurs.

Quel éclat! quel tableau! La foule ardente, heureuse,
Roule ses flots vivants, sa vague impétueuse,
Du Trône à Notre-Dame, au Louvre, au Panthéon,
Au pied de l'obélisque, œuvre des Pharaon,
Sous la colonne triomphale
Où plane encor le Dieu de l'Ère impériale,
Le Dieu vainqueur! Napoléon!

France! quand je te vois dans un jour de victoire
Reposer calme et fière au centre de ta gloire;
Quand tes fils aspirant à l'immortalité,
Guident ton noble essor puissante humanité,
O France! alors je crois que l'astre qui t'éclaire
Fera toujours mouvoir la terre
Et resplendir la liberté!

II

Un soir je me perdais dans ces rêves sublimes;
Mais tout-à-coup l'écho d'une atroce douleur,

Un cri sourd et plaintif remua tout mon cœur.
J'avais, en poursuivant l'image du bonheur,
Heurté sans le vouloir le roc de ces abîmes,
Où la perversité lutte avec le malheur.

Paris ! c'est tout un monde ; oui, ce dédale immense
Renferme des jardins, des temples, des palais,
De vastes monuments où l'art et la science
En rapprochant leurs dons centuplent leurs bienfaits.

Ce somptueux Paris, siége de l'opulence,
Paris, constellé d'or, Paris, dans sa puissance,
Ne peut voiler l'horreur de ces bas-fonds impurs
Qui rouvrent chaque soir leurs cloaques obscurs.

Il est dans nos faubourgs des ruelles fangeuses
Où s'agite, où pullule un ramas déhonté
De filous, de voleurs, de femmes crapuleuses,
Vivant tous dans l'orgie et dans l'impiété.
C'est là qu'il faut plonger pour connaître le vice,
C'est là qu'il faut sévir au temps de la justice.

Ministres de la loi, vous avez découvert
D'horribles scélérats au fond de cette écume,
Et pourtant la pitié dans vos cœurs se rallume,
Car vous songez, hélas ! qu'ils ont tous bien souffert,
Que tous ils ont vidé la coupe d'amertume !
Voyez ce qu'on devient dans l'affreux abandon
D'un malheur sans espoir, d'un crime sans pardon.

Qu'attendre d'un enfant délaissé par sa mère,
D'un enfant amaigri qui souffre de la faim?
Il faut qu'il meure de misère
Ou qu'il se fasse un cœur d'airain.

Pitié pour ces martyrs, abjectes créatures
Nés dans l'antre du vice, au milieu des tortures ;
Pitié, grâce, pitié, pour ces cœurs pervertis!
Ils furent au berceau dès l'enfance abrutis.
Oublions leurs erreurs en sondant leurs blessures.
Je souffre avec le pauvre, et loin de l'outrager,
Si je vois un malheur, je pressens un danger.

L'excès du désespoir a produit plus d'un crime.
Où va l'infortuné lorsqu'il demande en vain
Une aumône, un appui, du travail et du pain ?
Il court se perdre dans l'abîme
Du bagne, des prisons, dans cet égout infime,
Réceptacle d'iniquités,
Plaie ardente rongeant le cœur de nos cités.

Riches nés dans la pourpre et bercés sous des fleurs,
L'enfance est l'âge d'or, l'Éden de votre vie,
L'âge que vous rêvez au comble des honneurs
Quand un joyeux appel vous fête et vous convie.
Pour le pauvre, l'enfance a déjà ses douleurs!
En naissant, il étreint la mamelle flétrie
Dont la source féconde est à moitié tarie :

Plus tard, dès qu'il commence à former quelques vœux,
Son œil terne contemple un réduit ténébreux,
Le jour y glisse à peine ; il a pour nourriture
Du pain noir, un peu d'eau, de grossiers aliments
Qu'un immonde animal recevrait pour pâture ;
Au plus fort de l'hiver, voyez ses vêtements,
C'est un léger tissu recouvert de souillure.
De trop rares baisers répondent à ses cris,
Car sa mère travaille, et malgré sa tendresse,
Elle doit le quitter pour calmer la détresse
D'autres êtres pleurant sur la paille accroupis.
Le père !... il est absent, il expire peut-être
Sur le lit d'hôpital où meurt l'infortuné.
Hélas ! ce seuil maudit sans foyer et sans maître,
A tous les vents du ciel paraît abandonné !

O mansarde du pauvre ! ô triste sanctuaire
Où l'élu du Seigneur est souvent délaissé !
Je voudrais réunir les heureux de la terre
Dans tes recoins obscurs, sur ton âtre glacé,
Près de ce faible enfant par le froid transpercé.

Alors, on entendrait dans l'azur des espaces,
Un hosanna d'amour, mille actions de grâces.
Le riche tout ému, là, dans ce triste lieu,
Laisserait ses trésors au pauvre, au fils d'un Dieu.

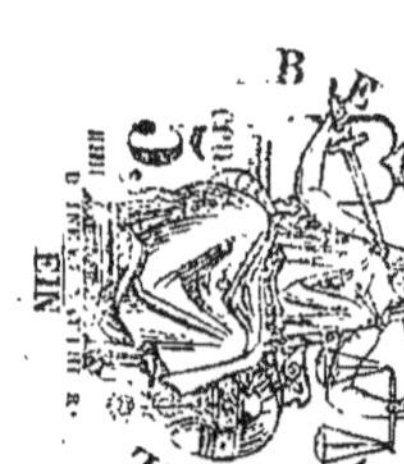

III

Autels de la patrie, autels du Dieu suprême,
Donnez à l'orphelin l'eau sainte du baptême,
Le pain de chaque jour,
Le doux repos de l'innocence.
Si d'indignes parents sans cœur, sans conscience,
L'ont flétri, méconnu, repoussé tour à tour,
Ouvrez-lui le bercail, centre du pur amour.
Non, tu n'es pas l'objet d'un injuste anathème,
Pauvre enfant, protégé par nos mœurs, par nos lois.
Le prêtre, homme de Dieu, t'abrite sous la croix.
Viens, adore avec nous cet immuable emblême
Qui depuis deux mille ans guide l'humanité
Sur les chemins du monde et de l'éternité.

En France, le pouvoir paternel et sévère
Moralise, recueille, aide les malheureux.
Il connaît leurs besoins et répond à leurs vœux :
Ici, c'est une crèche, un cloître, un séminaire,
Une salle d'asile, un humble sanctuaire;
Plus loin des muséums, des cours, des ateliers
Reçoivent à l'envi d'habiles ouvriers,
Ce dôme environné de monuments splendides,
C'est l'hospice royal des soldats invalides;
Leur front cicatrisé blanchit sous des lauriers.

D'immenses hôpitaux, gloire de la richesse,
Soulagent le malade, assistent la vieillesse,
Donnent un abri sûr, mille soins empressés,
A l'aveugle incurable, aux sourds, aux insensés.

Grâce à l'active ardeur de tant d'âmes pieuses,
Par l'élan combiné du plus noble concours,
Il n'est pas de douleurs, pas de lèpres hideuses
Qui ne trouvent enfin un refuge, un secours.
C'est beaucoup; mais hélas! on redit tous les jours:
Non ce n'est point assez. Il faut que l'opulence
S'appuyant sur l'Eglise, unie à la puissance,
Prodigue ses trésors, décuple ses bienfaits,
Car on doit à tout prix détruire ces repaires
Où le vice, irrité par d'horribles misères,
Enfante tant de deuils, de honte, de forfaits.
Quand on soutient les humbles classes,
On relève le pauvre, on éclaire les masses.
Dès qu'un pays prospère, il cherche, il veut la paix.

Le riche a ses trésors, les grands ont leur puissance,
L'homme illustre a son nom, le pauvre son malheur;
Partageons avec lui, qu'une sainte alliance
Rapprochent tous les rangs réunis par le cœur.
Je dois le proclamer : aujourd'hui, la jeunesse,
En couronnant de fleurs son beau front souriant,
Ne vit plus isolée au sein de la richesse;
Elle veut des plaisirs, un luxe éblouissant;

Mais elle soigne aussi l'enfance et la vieillesse.
Son or ouvre un refuge à l'infirme indigent,
Une école, un collége au pauvre intelligent;
Des femmes d'un grand cœur, de généreuses filles
Visitent tour à tour l'hospice et l'atelier,
Cachant leur nom, leur rang, qu'on voudrait publier.
Elles vont consoler d'innombrables familles;
L'une assainit la chambre et lui rend un foyer,
D'autres donnent l'habit, le pain et le loyer;
Des anges de vertu doués par la nature
De cet attrait qui flatte un monde corrupteur,
Des reines de beauté dépouillant leur parure
Se prosternent dans l'ombre aux pieds du Rédempteur;
On les voit se vouer aux frêles créatures
Qui traînent tristement du jeune âge au tombeau
Des membres contournés, de hideuses blessures,
Ou ces fièvres d'esprit qui brûlent le cerveau.

Il est d'autres devoirs plus rebutants encore.
Ne faut-il pas descendre au fond de ces égouts
Dont le contact vous déshonore
Et dont l'aspect produit d'invincibles dégoûts.
La charité dans un élan suprême
A reçu du ciel même
Et la force de l'âme et la force du corps,
Tous les dons et tous les trésors!

Le droit à la pitié, c'est le droit des victimes.

Pourrait-on refuser une larme à leurs pleurs,
Un soupir à leur plainte, à leurs cris de douleurs ;
Excitons ces transports, ces élans magnanimes,
Qui nous portent toujours au penchant des abîmes ;
Tendons nos bras ouverts même à nos ennemis,
Même à des criminels dans leur honte endormis.

Ah ! quand une âme sainte
Dans une chaste étreinte,
S'unit à la perversité,
C'est pour sauver l'humanité.

C'est pour répondre à la prière
Du triste pénitent qui meurt sur l'échafaud ;
C'est pour étendre dans la bière
Le tronc décapité par la main du bourreau !

C'est pour calmer la sourde haine,
La fougue et la férocité
D'un peuple ivre de liberté
Qui veut décimer la cité
Où la révolte se promène.

C'est pour pénétrer d'un remords
La misérable créature
Qui met une vaine parure
Au-dessus de tous les trésors.

C'est pour relever le courage
D'un enfant partout rebuté
Qui n'a reçu d'autre héritage
Qu'un nom justement détesté.

Viens, pauvre enfant que tout délaisse,
Toi qui n'eus jamais un seul jour
De paix, d'espérance et d'amour,
Oh! viens à moi dans ta détresse!

Le rachat du pécheur
Est une œuvre céleste
Où Dieu se manifeste;
C'est l'œuvre du Sauveur!

IV

Mettray, depuis douze ans, nous offre un saint exemple
De ces grands dévouements, de ces rares vertus
Qui peuvent relever bien des cœurs abattus;
Cette humble colonie éclose au seuil d'un temple
Donne asile et travail à de jeunes proscrits
Qu'un excès de souffrance a perdus et flétris.
Suivez ces malheureux sur le bord des abîmes;
Avant l'âge, ils ont tous ployé sous leur fardeau;
Le vice qui convoite et corrompt ses victimes

Les attend, les saisit au sortir du berceau.
Leur innocence, hélas ! ajoute à leur détresse !
Un misérable enfant, coupable de faiblesse,
Ne saurait discerner dans son étroit cerveau
Le bien du mal ; d'abord, il veut user d'adresse,
Et puis l'appât du gain, l'aiguillon du désir,
L'orgueil de posséder, l'ivresse du plaisir,
Le poussent par degrés à des actes infâmes.
Profondément émus d'un tableau trop hideux,
Des sages pénétrés de ces divines flammes,
De ces rayons du ciel qui retrempent les âmes,
Des sages se sont dit : Sauvons ces malheureux,
Allons les arracher à l'étreinte du vice.
Un brillant officier aux instincts généreux,
Un digne magistrat l'élu de la justice,
Deux hommes d'action de cœur et de savoir,
Réalisent soudain ce magnanime espoir.

Les ministres du roi secondés par nos princes,
Le clergé, l'Institut, Paris et les provinces,
S'unissent pour fonder cette œuvre de secours,
Ce Mettray qui s'étend et grandit tous les jours.

L'humble enfant revenu de sa faute première
Retrouve une famille, un appui paternel :
Consolé par l'amour, le travail, la prière,
Il renaît au bonheur à l'ombre de l'autel.

Visitons ce Mettray dont la paisible image
M'attire et me sourit comme un heureux présage.
Sait-on ce qu'un beau germe enfantera plus tard?
La vapeur triomphante avec art condensée
Rugit dans la fournaise, entraîne notre char.
Elle fuit, transportant une foule empressée
Qui va de ville en ville échanger sa pensée :
Suivons ce fier coursier rapide, éblouissant;
L'éclair seul a vaincu son essor tout puissant.

Je traverse l'espace admirant ces rivages,
Ces merveilleux châteaux, ces parcs, ces verts ombrages
Où nos rois ont connu l'ivresse des beaux jours :
Le Cher, l'Indre et la Loire, en confondant leurs cours,
Y portent le tribut de leurs vagues profondes.
Un ciel pur, un soleil, aux suaves rayons
Ceignent de reflets d'or ces campagnes fécondes,
Ces coteaux recouverts de pampres, de moissons.
Partout votre œil ému contemple des bocages,
Des vallons embaumés, des bois, des pâturages;
C'est une autre Arcadie où de riches pasteurs
Promènent leurs troupeaux sur des gazons en fleurs.

Dans ces lieux, le jardin, le berceau de la France,
Des princes et des grands ont uni leur puissance
Pour fonder à l'envi de pompeux monuments,
Des cloîtres, des palais; là, leur vieux ossements
Sont encore enfouis à l'ombre des portiques;

Chinon, Luynes, Maillé, Plessis, Tours, Monbazon,
Élèvent leurs créneaux, leurs tourelles gothiques
Sur la pourpre et l'azur de ce vaste horizon.

Ici, c'est Marmoutiers, l'imposante abbaye,
Qu'une horde barbare a jadis envahie.
Plus loin c'est Chenonceaux, Amboise, Loches, Blois,
C'est Chambord, don du peuple au fils aîné des rois.
Vous trouvez le Dolmen, la grotte des Druides
Tout près d'un aquéduc aux arcades splendides;
Rome la conquérante, en imposant ses lois,
Voulait qu'une œuvre utile attestât ses exploits.

Le temps, ce Dieu vengeur dont les ailes funèbres
Nous traînent dans l'oubli, dans le deuil, les ténèbres,
Le temps a confondu, saccagé mille fois
Les œuvres des Romains, du Celte et du Gaulois;
Le sol seul a gardé l'aspect qui nous enchante,
Cette antique Touraine, heureuse et florissante,
Dont la calme beauté captive encor nos yeux,
Brille du doux éclat vanté par nos aïeux.

Dans la succession des peuples et des âges,
Rien n'est perdu, les débris des naufrages
Vont enrichir d'autres rivages.
Oui, la cendre des morts féconde le sillon
Où chacun en passant récolte sa moisson.

Plus de cours, de vassaux, le trône est sans prestiges,
Le monde transformé rêve à d'autres prodiges.

Que vient-on admirer sur ces bords enchanteurs,
Sur cette terre illustre en tous sens blasonnée?
Ce n'est point un reflet des suprêmes grandeurs;
Non, l'homme est ennuyé de l'encens des flatteurs.
O retour de fortune! ô gloire! ô destinée!
Nous cherchons dans le calme et dans la paix des champs
Ce Mettray, doux refuge où des cœurs bienfaisants
Groupent un petit peuple autour d'une chapelle;
Un ange au front divin, à la palme immortelle,
L'ange de la pitié protége des enfants
Hier encore, abrutis, farouches et débiles,
Aujourd'hui repentants, pleins de force et dociles.
Charité, charité!
Noble fille des cieux, ce sont là tes miracles;
Le zèle des fervents ne connaît point d'obstacles;
Tout cède quand l'amour soutient la volonté.

Un clocher, une croix dont la splendeur domine
Des fermes, des jardins, de riantes maisons;
Une cour sans muraille où la verte aubépine
Garde cinq cents captifs arrachés aux prisons,
Cinq cents cœurs apaisés dans ce séjour tranquille;
Une riche vallée au bord de la Choisille,
La brume des coteaux fuyant vers le lointain,
Le travail animant et la ruche et l'essaim,

Tel est l'heureux aspect de cette colonie
Où la vertu commande et maintient l'harmonie.

Un intérêt commun, la loi de l'unité,
Le respect de l'Église et de l'autorité
Domptent de jeunes cœurs autrefois trop rebelles;
La concorde a partout étouffé les querelles.

Un ministre de paix, un saint et bon pasteur
Ramène le troupeau dans l'arche du Seigneur;
Il donne à l'orphelin la foi, la confiance,
La parole du Christ, l'esprit de pénitence,
Cet espoir qui relève et soutient le pécheur.

Des maîtres éclairés, pleins de sollicitude,
Dirigeant le travail, la pensée et l'étude,
Corrigent peu à peu les plus mauvais penchants.
Au début de la vie, au sortir de l'enfance,
L'âme a toujours une ombre, un reflet d'innocence;
Les hommes ne sont pas nés pour être méchants !

Le matin, dès que l'aube illumine l'espace,
Les colons réunis invoquent l'Éternel,
Et puis ils vont en paix chacun suivant la trace
D'un aîné qui lui doit un appui fraternel.
L'un se rend aux sillons, d'autres à la carrière,
Celui-ci va forger l'outil des ateliers;
Beaucoup sont laboureurs, quelques-uns jardiniers.

Admirez cette active et jeune fourmilière
De libres travailleurs dispersés dans les champs.
De loin en loin des voix pures, mélodieuses,
Répètent à l'envi des hymnes et des chants :
O silence! écoutons ! nos fêtes somptueuses
Ne font pas retentir des accords plus touchants.

Bénis, pauvre orphelin, le Dieu qui t'a fait naître,
Le Dieu de l'univers, ton sauveur, ton bon maître;
Bénis notre soleil et les astres des cieux ;
Bénis dans ses bienfaits cette immense nature,
Ce printemps qui sourit à toute créature,
Ce doux sommeil, repos des jours laborieux.
Ce sont là de vrais biens, c'est ta seule richesse,
Enfant, bénis le sort que Dieu veut t'accorder;
Bénis les protecteurs, soutiens de ta faiblesse
Les petits compagnons que tu vas seconder.
Enfant, l'humble avenir de ta mâle jeunesse,
C'est l'ordre, le travail, un champ à féconder.
Suis toujours les conseils, la voix de la sagesse,
Et tu vivras joyeux, sans trouble, sans tristesse;
La paix de conscience et l'amour du Seigneur,
Quels que soient nos destins, voilà notre bonheur.

Pauvre enfant ! si tu souffre, une femme, une mère,
La sœur de charité te prodigue des soins;
Elle rend ta douleur moins âpre, moins amère,
Nuit et jour elle veille et pressent tes besoins.

Son angélique voix, ses regards, son sourire,
Apaisent tes transports, ta fièvre, ton délire,
Et lorsqu'un doux sommeil vient reposer tes yeux,
Tu rêve à ton Jésus, à la Vierge des cieux.

A Mettray, le dimanche est un vrai jour de gloire :
L'Église se décore, et l'autel resplendit;
L'enfant se sent plus près du Dieu qui le bénit.
Quand on a trop souffert, il est si doux de croire!
Le prêtre en ce grand jour explique l'Évangile,
Rappelle la puissance et les dons du Seigneur;
Il dit à l'orphelin : Sois sage, humble, docile,
Car partout et toujours un Dieu lit dans ton cœur.

Des chants se mêlent aux prières,
Un hymne glorieux
Retentit sous la voûte, au centre des chaumières,
Tout rayonne de joie et tout parle des cieux!

Que le dimanche est beau, quand du haut des montagnes
On entend résonner la cloche des campagnes,
Quand on voit un concours de pieux pèlerins
Se rendre en double haie à la cité prochaine,
Sous le portail du temple élevé dans la plaine.
La foule accourt, se presse, encombre les chemins;
D'innombrables enfants, les femmes, le vieux père,
L'infirme, l'affligé, les grands et les petits,
Tous sont là revêtus de leurs plus beaux habits,

Tous viennent, prosternés au pied du sanctuaire,
Baiser le riche autel où brille un reliquaire ;
Le soir, vers l'Angélus, au coucher du soleil,
Chacun rentre au village et se livre au sommeil.

Lire, écrire, compter, est toute la science
De l'école primaire ouverte à nos colons ;
Peu de livres, beaucoup de pieuses leçons,
L'Évangile est la loi, la suprême éloquence ;
Le laboureur guidé par son expérience
Connaîtra le bétail, le sol et les saisons,
L'influence des vents qui changent l'atmosphère.
Plus son œuvre l'attache aux travaux de la terre,
Plus il se trouve heureux : il voit au sein des champs
Les grains qu'il a semés dans le cours de l'automne,
Pousser, croître, fleurir au souffle du printemps ;
Ces beaux épis dorés, que plus tard il moissonne,
Ces gerbes qu'il arrange en faisceaux, en couronne,
C'est son pompeux trophée ! Alors, le plus beau ciel
Brille sur l'horizon du hameau paternel,
Le moissonneur revient, la joyeuse famille
Entrelace de fleurs le char et la faucille.

L'univers a toujours de nouvelles beautés ;
Chaque instant le transforme et change sa parure.
Le linceul des frimas succède à la verdure,
Le soir au jour, l'hiver à l'ardeur des étés.
Que la nature est belle au lever de l'aurore,

Quand la terre tressaille au souffle du matin !
Quel disque de rayons quand l'éther se colore
Aux reflets du soleil si rouge à son déclin !

Dès que la nuit s'avance en déployant ses voiles,
Des flots, des gerbes d'or, de brillantes étoiles,
Jaillissent par milliers du sombre azur des cieux,
Le monde des esprits apparaît à nos yeux.

Le pâtre qui s'endort sous la voûte éthérée
Voit ce monde inconnu flotter à l'horizon ;
Couché sur un tapis de mousse, de gazon,
Dans le calme repos d'une belle soirée,
Il calcule, il connaît la marche, la grandeur
De ces astres perdus au sein de l'Empyrée.
La nature est une âme, une harpe sacrée,
Où tous les éléments
Mêlent de doux accords, de sourds gémissements.

Hélas ! les travailleurs de nos manufactures,
Cloués sur leurs métiers dans des villes obscures,
Regrettent l'air des cieux, l'air actif et subtil
Qu'on respire à plein cœur au sommet des montagnes,
Cet air qui vivifie et l'homme et les campagnes ;
Loin de l'astre du jour le pauvre est dans l'exil.
Soleil ! brillant soleil ! ton flambeau tutélaire
Fut longtemps un des dieux adoré sur la terre.

L'homme né dans les champs a toujours sa grandeur.
Le patriarche était pasteur
D'innombrables troupeaux environnaient sa tente;
Suivi de sa tribu, de sa famille errante,
Il parcourait l'espace en priant l'Éternel;
Il laissait ici-bas pour marquer son passage
Une source limpide à l'ombre d'un bocage,
Une tombe au pied d'un autel.

Lorsque Mettray reçoit des mains de l'ignorance,
Des mains du crime, un enfant vicieux,
Dix ans plus tard Mettray rend à la France
Un brave citoyen honnête, industrieux.
Le colon qui reprend sa place dans la vie,
N'est jamais étranger à notre colonie.
De loin elle préside, elle aide à ses travaux;
Son œil le suit partout, même sous les drapeaux.
C'est ainsi qu'une tendre, une adorable mère,
Reste unie à ses fils dispersés sur la terre!

Enfant! vous grandissez dans ce calme séjour;
Le temps se hâte et fuit : vous serez libre un jour.
Alors n'oubliez pas cette heureuse vallée
Où l'esprit du Seigneur se reposa sur vous.
Notre foi ne peut être ébranlée
Quand l'homme et Dieu nous ont absous.
Après de tels bienfaits, suivez pleins d'assurance
Les nobles protecteurs, appui de votre enfance;

Ils vous affermiront dans le sentier du bien.
Méritez le beau nom de Français, de chrétien ;
Fécondez notre sol, rendez-le plus fertile ;
Le pauvre est respecté dès qu'il devient utile ;
Fiez-vous à ce Dieu qui bénit nos douleurs ;
Travaillons ici-bas, le repos est ailleurs !

V

Oui, depuis six mille ans, depuis la déchéance,
Les fils du premier homme au travail condamnés,
Gagnent avec effort leur pénible existence.
Dans un cercle fatal toujours emprisonnés,
Nous luttons sans relâche. O terre ! ô noble terre !
        Notre nourrice et notre mère,
Nous déchirons ton sein ; il faut que nos sueurs
Abreuvent tes sillons qui se couvrent de fleurs.

A l'heure du réveil dans l'immense étendue,
Un hymne au Dieu suprême annonce ton retour,
O soleil triomphant ! Le pauvre te salue,
            En reprenant le poids du jour,
Sa tâche de la veille à peine interrompue.

Au sein de nos cités que le luxe décore,
Cités où l'univers concentre sa grandeur,
Tout s'anime à l'appel d'un peuple créateur ;

Il va, vient, il se presse, il devance l'aurore,
Cherchant dans son génie un souffle inspirateur.

Le travail consolant apaise la souffrance,
Le travail productif assure l'avenir;
Pour l'enfant le travail, c'est la belle espérance,
Pour l'homme sérieux travailler c'est jouir.

Notre siècle a vaincu la matière asservie,
Voilà son grand triomphe, admirable et fécond!
Chaque élément devient un moteur qui répond
Aux vœux de la pensée, aux besoins de la vie.

Le rêveur inspiré enfante avec amour,
En silence, en secret, le principe invisible
Que l'homme d'action qui dompte l'impossible,
Fait sortir du néant et briller au grand jour.

Les hardis promoteurs dès plus hautes sciences,
S'en vont de zône en zône agiter leurs flambeaux
Dans l'empire des morts, dans la nuit des distances,
Sur les restes d'un monde englouti sous les flots.

O race humaine! ô race avide d'espérance!
Le travail agrandit ta sphère de puissance,
Les lois d'un autre temps peuvent la centupler.
Sait-on ce que doit enfanter
Le rapport des esprits, la fusion complète

Des cultes et des mœurs ? Défiant la tempête,
La voile et la vapeur se croisent sur les mers,
La pensée électrique envahit l'univers ;
Maîtres de l'océan nous rêvons la conquête
Du vaste champ des airs ;
Bientôt nous franchirons les roches inconnues
D'où le condor s'élance en dépassant les nues.
Le vol de notre esprit ne peut être arrêté,
Des bornes de l'espace on voit l'immensité.

Ne voulant plus entre eux d'invincibles barrières,
Les peuples affranchis abaissent leurs frontières.
Puissent-ils tôt ou tard s'éclairer et s'unir
Sous la pure auréole, astre de l'avenir.

Ce vœu n'est point un rêve ; à l'horizon du monde
L'océan tout ému, les fleuves, les canaux
Écument sous le poids d'innombrables vaisseaux.
Une pensée unique, attractive et féconde,
Enflamme les esprits, pousse le genre humain,
Le ciel semble guider cet essor tout divin.

Où va ce flot puissant, ô royale Angleterre ?
Il cherche ton rivage, il entre dans tes ports ;
Quel cortége imposant ! les peuples de la terre
Accourent à l'envi, déployant leurs trésors,
Sur ton sol protecteur, dans la paisible arène
Où le Dieu du commerce arbore ses drapeaux ;

Le travail a ses chefs, ses martyrs, ses héros.
Magnanime Albion! ta noble souveraine
Veut fêter l'ouvrier qui lutte avec effort
Du matin jusqu'au soir, de l'enfance à la mort.
Aux vainqueurs la couronne, aux vaincus l'espérance,
A tous l'accueil des rois : justice et récompense.

Un dôme où resplendit l'azur même des cieux,
Un dôme transparent aux reflets lumineux,
Le palais de cristal, temple de l'industrie,
Ouvre sa vaste enceinte à cent peuples divers.
Viens-y marquer ta place, ô ma noble patrie!
Viens-y siéger auprès de la reine des mers.

France! j'ai vu ton glaive éclipsant ta couronne
Réfléchir en tous lieux l'éclat qui t'environne;
Oui, quel que soit ton chef, monarque ou dictateur,
Ou simple citoyen, tu passes la première,
Dominant du regard cette immense carrière,
Où chaque nation proclame son vainqueur.
J'ai vu Londre et Paris, deux sœurs et deux rivales,
Enlacer un instant leurs palmes triomphales.
O mes contemporains! gardons ce souvenir;
Qu'il soit en lettres d'or gravé dans nos annales,
Comme un gage immortel de paix et d'avenir.

Ce concours admirable où l'univers se presse,
Entassant à plaisir richesse sur richesse,

Ces merveilleux produits, ces suprêmes splendeurs;
Cette étroite union des esprits et des cœurs,
Cet échange complet de vœux et d'espérance,
C'est ton œuvre et ta gloire, ô travail! ô progrès!
C'est l'œuvre d'un grand siècle, heureux d'un grand succès,
D'un siècle novateur qui croit à sa puissance.

VI

Jadis obscur esclave, à présent citoyen,
Le peuple méprisé par le monde païen
S'élève jusqu'au Christ; il use avec sagesse
Du droit qu'il a conquis; il connaît sa noblesse,
Sa légende sacrée, il est homme et chrétien.
Le peuple, dont la vie est souvent un supplice,
Le peuple, c'est l'enfant d'une mère au tombeau,
L'orphelin déposé dans son frêle berceau
Aux pieds de saint Vincent sur le seuil de l'hospice.
Comme un pur holocauste offert en sacrifice.
Le peuple, c'est le fils de l'honnête ouvrier,
Du simple laboureur, du savant, du guerrier.

Le peuple, c'est la foule où chacun a sa place,
Où chacun à son tour et s'élève et se classe,
Selon son droit, son rang, selon l'autorité
Que donne un vrai mérite, un talent constaté.
Il faut partout un chef justement respecté.

Le peuple, c'est le tronc, la souche de la race,
C'est le héros qui combat et qui meurt
En sauvant l'étendard planté sur nos murailles;
C'est l'obscur fantassin qui gagne les batailles,
Où le grand capitaine est proclamé vainqueur;
C'est l'artisan dont l'œuvre est inconnue,
Qui doit fondre l'airain d'où jaillit la statue.
Oui, tout ce qu'un pays renferme de grandeur
Remonte au peuple et doit lui rendre honneur.
Que ferait un Pascal perdu dans ses problèmes,
Un Laplace créant le plus beau des systèmes,
Un Cuvier discutant le passé, l'avenir
De ce globe qu'il creuse et qu'il veut définir.
Que ferait un Descarte, un Racine, un Voltaire,
S'il devait s'arracher à son noble loisir,
S'il ne recevait plus d'un humble mercenaire
Ce concours assidu, cet appui secondaire
Qui seul peut nous donner repos, gloire, plaisir.
Celui qui tient la plume, un compas, une épée,
Celui qui sur sa lyre essaie une épopée,
Va-t-il fouiller la glèbe où mûrit la moisson,
Peut-il être à la fois tailleur, potier, maçon.

Tout citoyen actif, même d'un rang vulgaire,
S'il sait un art utile, un métier nécessaire,
Contribue à la gloire, au bien de son pays;
L'humble cultivateur, en fécondant la terre,
Y trouve à tous moments des trésors enfouis.

Le marin va chercher de rivage en rivage
Les produits répandus dans l'immense univers;
Il affronte les vents, il sillonne les mers,
Il brave quelquefois les horreurs du naufrage
Pour répondre à l'appel du riche industrieux,
Dont le commerce étend l'influence et les vœux.
Le pauvre a sa grandeur; oui, dans sa vie obscure
Il cache bien souvent la vertu la plus pure,
Un vrai cœur de martyr mille fois éprouvé!
Prêtres d'un Dieu de paix, n'avez-vous pas trouvé
Dans nos humbles hameaux des vertus héroïques,
Des prodiges de foi dignes des temps bibliques?

Et vous filles du ciel, vous! sœurs de charité,
Vous! nos anges gardiens dans toute adversité;
Dites-moi si le pauvre accepte avec murmure
Le partage inégal des dons de la nature,
Le mal qu'il faut subir sans l'avoir mérité.

Le pauvre est généreux même dans sa chaumière,
Il ouvrira toujours sa porte hospitalière
Au mendiant couché sur le bord du chemin.
Il lui donne avec joie une obole et du pain.

En secourant le peuple on doit aussi l'instruire;
Il faut régler ses mœurs, diriger ses penchants,
Le soustraire à tout prix au souffle des méchants,
Au dangereux contact du tribun qui conspire.

Ce flot de malheureux par le vice entraînés,
Ce ramas de bandits qui campe dans nos villes,
C'est le foyer mouvant où les guerres civiles
Vont toujours s'allumer : j'ai vu des forcenés
Dire au peuple éperdu qu'on trompe et qu'on dégrade :
Arbore nos drapeaux, fais une barricade,
Réveille en toi ton instinct destructeur,
Souille, renverse tout, l'autel, le diadème,
Et tu seras maître et vainqueur!
Plus roi qu'un roi lui-même.
Et le peuple s'en va remuer les pavés,
Attiser les fureurs des partis soulevés.

Tout s'embrâse ou combat, la horde impétueuse
Promène dans Paris l'épouvante et la mort.
C'est le jet du volcan, c'est la mer orageuse,
Rien ne peut arrêter son formidable essor.

S'éveillant tout à coup à l'audace, à la haine,
De trop jeunes enfants descendent dans l'arène;
En saisissant le glaive, à leur âge interdit,
Savent-ils que déjà leur destin s'accomplit?

Toujours électrisé par la foudre qui gronde,

Le peuple est tour à tour l'opprimé, l'oppresseur.
Triomphant, c'est l'Atlas qui soulève le monde,
Vaincu, c'est le Titan du Jupiter vengeur.

Dans l'horrible mêlée où tout tombe en ruine,
Sous les brandons sanglants de la guerre intestine,
O désastre! ô douleur! les esprits irrités
Ne rêvent que pillage, opprobre, atrocités!

Quels que soient vos succès, déplorez la victoire.
Légions des deux camps, citoyens et soldats!
Le sol tremble, mugit, éclate sous vos pas.
Le deuil le plus profond éclipse votre gloire.

Glissant sur un amas de corps et de débris,
Vous pouvez, aux lueurs des torches funéraires,
Reconnaître l'armure et l'ombre de vos frères,
Peut-être même hélas! le cadavre d'un fils.

Aveugles combattants! laissez tomber vos armes,
Calmez votre fureur en confondant vos larmes.
Vaincus par la pitié, recouvrez d'un linceul
Tous ces morts entassés dans le même cercueil;
Tous ils sont comme vous enfants de la patrie,
L'encens du même autel parfuma votre vie.
Naguère partageant leurs périls, leurs exploits,
Vous avez avec eux échangé mille fois
La coupe du festin dans un banquet civique;

Vous les avez reçus au foyer domestique,
Dans l'atrium, auprès de vos dieux protecteurs ;
Ils étaient vos amis, vos compagnons d'enfance,
Vos émules partout ; les beaux-arts, la science,
L'étude et le plaisir ont rapproché vos cœurs :
Hier encore à l'appel d'une voix éloquente,
Ils ont voulu souffrir et combattre pour vous,
Aujourd'hui les voilà terrassés sous vos coups.
N'êtes-vous pas saisis de remords, d'épouvante,
En voyant apparaître au seuil de votre tente,
Sur les créneaux fumants de nos tristes remparts,
Une ombre formidable et toujours renaissante,
Qui vous tient tous émus sous ses mornes regards.

Ces héros, ces martyrs, vos nobles adversaires,
Avant de s'engouffrer dans le flot écumeux,
N'avaient-ils pas reçu les honneurs consulaires ?
N'aurez-vous point un jour à redouter comme eux
L'irrésistible choc des haines populaires ?
Les vainqueurs d'aujourd'hui demain sont des vaincus,
Le flot qui nous emporte a son flux, son reflux.

Hélas ! tous les partis rêvent des représailles !
Un triomphe est toujours le prix des funérailles,
Douloureuse hécatombe offerte aux immortels,
Trois fois depuis vingt ans tu rougis nos autels.
O France ! il est encor sur ton heureuse terre
Des hommes illustrés par leur beau caractère,

Des anges rayonnant d'un éclat tout divin,
Des princes, des vainqueurs plus grands que leur destin.

Les troubles dont un peuple est quelquefois victime,
N'ébranlent pas la loi sublime,
L'ordre moral de l'univers;
Ces vains bruits, ces clameurs s'arrêtent dans l'espace
Sous le feu des éclairs;
Tel on voit l'ouragan, il tourbillonne, il passe
Loin, bien loin des soleils, des globes radieux
Dont le cycle éternel s'accomplit dans les cieux.
Nous avons nos combats, notre deuil, nos misères,
Des vertiges sans nom, mais aussi des grandeurs.
O mes concitoyens, mes compagnons, mes frères,
Quels temps, dites-le moi, n'a pas eu ses douleurs?
Un peuple reniant ses instincts prophétiques,
Ira-t-il comme un spectre errer sur des tombeaux,
S'enchaîner pour jamais à de froides reliques,
A des marbres muets, à des gloires antiques?
Non, ce n'est point ainsi que naissent les héros.
Il faut vivre et marcher, il faut tracer sa route,
Affronter l'inconnu qu'on aime et qu'on redoute;
Il faut terrasser l'hydre et sortir du chaos.
Déjà l'horizon s'ouvre, il s'abaisse, il recule,
L'air est moins condensé, la lumière circule,
Amis! nous franchissons nos colonnes d'Hercule.
Courage encor, courage, au delà de ces monts,
De ces pics escarpés berceau des noirs orages,

Nous saluerons enfin les superbes rivages
Où l'astre du bonheur répand de doux rayons.

VIII

Tout grand siècle en naissant arbore une pensée,
Un nouveau labarum, espoir du genre humain;
Chaque époque se voit fatalement poussée
D'abîmes en écueils vers quelque port lointain,
Qu'un œil d'aigle découvre à l'horizon du monde.
La foule suit sa marche ignorant son destin :
Elle s'endort le soir sans songer au matin.
Le génie inspiré que l'étude féconde
Exerce sur son temps un magique pouvoir;
Toujours plus convaincu de l'avenir qu'il fonde,
Il va toucher le but qu'il peut seul entrevoir.

Cet envoyé du ciel, fût-il prince et prophète,
Doit traverser la zône où mugit la tempête,
Il doit vaincre, il vaincra, s'il tombe vaillamment
Auprès de son drapeau sur les marches du temple,
Il lègue à sa patrie un nom, un grand exemple,
Un immortel trophée ; il peut dire en mourant :
« Je meurs, mais j'ai vécu, mais je meurs pour renaître,
« Mais je laisse après moi des disciples nombreux,
« Fidèles à l'esprit, au sentiment du maître ;
« Ils iront propager ma doctrine et mes vœux.»

Illustres fondateurs de tant d'œuvres utiles,
L'espoir et le salut de ce siècle d'airain !
Poursuivez vos efforts, que nos champs et nos villes
Respirent, grâce à vous, un air pur et serein.

Auguste académie, antique aréopage,
Ton immortel cénacle a régné d'âge en âge,
L'avenir t'appartient, un temps, un jour viendra
Où l'univers te répondra.
D'illustres écrivains proclament tes doctrines;
Des princes éclairés ont reconnu ta voix,
Toujours fière et debout au milieu des ruines,
Tu gardes notre sceptre et tu soutiens nos lois.

Palais de l'Institut, l'immuable symbole,
La flamme rayonnant sur ta vaste coupole,
Ce n'est pas le drapeau qui flotte au Capitole,
Cet étendard aux plis mouvants
Qui tombe et se relève au moindre choc des vents.
Non, non, c'est l'astre tutélaire,
Le foyer créateur, le soleil de la terre ;
C'est l'astre du génie, il dévoile à nos yeux
Le passé, l'avenir, la loi de chaque sphère,
Les puissances de l'âme et l'infini des cieux.

Nos maîtres, dont la voix est l'écho de l'histoire,
Nos maîtres l'ont prédit : la force des États
N'est plus dans le vain bruit des armes, des combats,

Dans la possession d'un vaste territoire;
Le triomphe d'un peuple est dans l'ordre et la paix.
Dans ces liens d'amour formés par la nature,
Dans ce dogme divin qu'il faut croire à jamais,
Dans cette charité sans bornes, sans mesure,
Qui prodigue à toute heure et partout ses bienfaits.

Après tant de puissance et de gloire éclipsées,
Après tant de fléaux, de troubles, de malheurs,
Quand tout éclat terrestre a perdu ses splendeurs,
La misère du pauvre agite nos pensées;
C'est le remords du riche et le deuil des grands cœurs.

O mes concitoyens ! si j'en crois la tendance
De vos cœurs généreux, si j'en crois vos succès;
L'avenir de ce temps c'est la loi du progrès,
La vertu, le travail, le pardon, la clémence,
C'est la pitié pour tous qui donne l'assistance
A tout être perdu dans l'enfer des douleurs.
La charité soutient, la charité console;
Un regard, un sourire, une étreinte, une obole,
Un mot ! peut apaiser les plus sombres fureurs.
Dieu de miséricorde ! arborons ton symbole !

France ! ton oriflamme enlacée à la croix
Est le signe sauveur des martyrs, des esclaves,
Des nègres opprimés par d'indignes entraves;
L'esprit de l'Évangile est empreint dans tes lois.

Tu veux l'égalité, la paix et la justice;
Tu sais que notre vie est un grand sacrifice,
Que tout homme se doit à son concitoyen,
A son frère, fût-il renégat ou païen !

Tu dis qu'un pauvre enfant souillé dès sa naissance,
A sa place au soleil, tu lui donne un abri,
Tu ranimes son cœur innocent et flétri.
Tu laisse un doux reflet de ta pure croyance
Dans son faible cerveau voilé par l'ignorance ;
Tu l'élève en chrétien loin du centre pervers
Où l'âme se calcine au foyer des éclairs.

O France ! ô mon pays ! terre antique et sacrée,
France de nos aïeux, France de nos enfants !
Que ton œuvre future, assurant ta durée,
Transmette ton génie à tous tes descendants.

France dont l'univers a proclamé la gloire,
Sois encor, sois toujours l'appui des malheureux.
Veille, souffre, travaille et triomphe avec eux,
Ce sera consacrer ta plus belle victoire.

www.ingramcontent.com/pod-product-compliance
Lightning Source LLC
LaVergne TN
LVHW020251230826
846091LV00006B/2354

* 9 7 8 2 0 1 3 2 4 8 8 6 0 *